DIONYS. FRANC.
SECOUSSE, EQUES. IN. PARIS.
CURIA PATRO. ET. É REG. HUMAN
LITTER. ACAD. 17

LA BRILLANTE JOURNE'E

OU

LE CARROUSEL

DES GALANS MAURES,

ENTREPRIS PAR MONSEIGNEUR

LE DAUPHIN.

AVEC LA COMPARSE, LES COURSES,

Et des Madrigaux sur les Devises.

Se vendra à Versailles le jour du Carrousel; Et se debite

A PARIS,

Chez LA VEUVE BLAGEART, Cour-neuve
du Palais, au Dauphin.

M. DC. LXXXXV.

AVEC PRIVILEGE DU ROY.

AU LECTEUR.

IL est rare de voir des Descriptions imprimées des Festes qui n'ont point encore paru, parce qu'il est presque impossible, que ceux qui sont les Autheurs des grands Spectacles, & ceux mesme qui les executent, puissent en sçavoir au vray toutes les circonstances. Ces Spectacles demandent plusieurs Répetitions, qui sont nécessaires, non seulement pour voir si ce qu'on a résolu se rapporte à l'idée qu'on s'en est faite, mais encore pour se faire une habitude à retenir ses rangs, & pour s'exercer dans les Jeux qui ont besoin de force & d'adresse, & il ne se fait aucune de ces Répetitions, qui n'y apporte des changemens considerables. Quand ces changemens continuels n'empescheroient point qu'on fist la Description des Carrousels avant qu'ils eussent paru, il se trouve un autre obstacle qui paroist presque invincible, c'est que de si grandes Festes ont des parties attachées à des Particuliers qui les composent, & qui dépendant quelquefois de cinq ou six cens Personnes, & ne devant paroistre que le jour marqué pour le Spectacle public, ne peuvent jamais estre décrites, parce qu'elles ne paroissent point aux Répetitions, & sont en mesme temps entre les mains de plus de deux ou trois mille Ouvriers. Cependant les Personnes du premier Ordre qui ont voulu que ce Livre fust distribué avant le Carrousel, ont pris des mesures si justes, & des soins si utiles pour faire fournir tous les Mémoires necessaires pour cét Ouvrage, qu'on y trouvera jusqu'à la Description des moindres Habits.

AU LECTEUR.

On y verra mefme les Devifes, qui n'ont la plufpart efté inven-
tées que deux ou trois jours avant celuy du Carroufel. Les raifons
que ces Perfonnes du premier rang ont euës de faire faire ce Livre, & de le propofer à Monfeigneur le Dauphin, font auffi
judicieufes qu'utiles pour le plaifir, & pour la fatisfaction de tous
ceux qui pourront trouver place, foit pour voir la Marche ou pom-
peufe Calvacade qui fe fera le jour du Carroufel, foit pour voir
la Comparfe & les Courfes du mefme jour. Tous ces divers Spe-
étacles avec l'aide de ce Livre, quelques éloignez qu'ils fe trou-
vent, pourveu qu'ils puiffent diftinguer les Couleurs des Brigades, ce qui fe remarque toûjours de fort loin, quand tant de Perfonnes enfemble compofent une maffe de Couleurs, en comptant
les Perfonnes dont l'éloignement les empefchera de diftinguer le
vifage, pourront Homme pour Homme nommer tous ceux qui pa-
roiftront à leurs yeux; fçavoir, ce qu'ils repréfenteront, & s'ils
font Chefs, Officiers Genéraux, Ecuyers ou autres. Il feroit ab-
folument impoffible à ceux qui feront fur les Amphithéatres, de
connoiftre plus d'un des quatre Chevaliers, qui courront enfemble
dans les vingt & une Courfe qui fe feront, parce que courant
le long des quatre coftez de la Carriere, les Spectateurs de chaque cofté pourront feulement, & mefme avec affez de peine, remarquer le vifage de celuy qui courra devant eux; mais par le
moyen du Livre ils fçauront les noms des trois autres, & auront
par là la fatisfaction de fçavoir qui feront ceux qui auront eu l'a-
dreffe de faire plufieurs Teftes. On verra de plus dans ce Livre, ce
que c'eft que Carroufel, Devife & Comparfe, & les Dames y
pourront lire en attendant que la Fefte commence, un petit extrait
des Guerres Civiles de Grenade, d'où le fujet de ce Carroufel eft
tiré.

LA BRILLANTE JOURNE'E

OU

LE CARROUSEL

DES GALANS MAURES,

ENTREPRIS PAR MONSEIGNEUR

LE DAUPHIN.

A Magnificence du Roy, & le defir de tenir en exercice les Seigneurs de fa Cour, & de les occuper à des Divertiffemens guerriers, qui puffent entretenir leur vigueur, & faire paroiftre leur adreffe, ayant infpiré à Sa Majefté les premieres penfées d'un Carroufel, Monfeigneur le Dauphin, tres-bon Homme de Cheval, & tres-

A

adroit dans tous les Exercices du corps, refolut d'en eftre le Chef. Comme ce Caroufel fert d'entretien à toute la France, & à tous les Etrangers dont la Cour de France fe trouve remplie, il eft à propos de marquer icy, que ce mot eft plus Italien, & Efpagnol, que François, & qu'il fignifie par tout également un Jeu & un Spectacle repréfenté fur des Charriots ; mais comme le temps augmente & diminuë toutes chofes, & qu'il eft rare de les voir apres plufieurs fiecles dans le mefme état qu'elles ont efté au commencement de leur inftitution, on a retranché peu à peu les Machines & les Chars des Carroufels, & l'adreffe des Cavaliers & la magnificence des Habits ayant fuffy, on a appellé toute Cavalcade, Joute, Courfe, Exercice Militaire, & Marche nombreufe, Caroufel. Mais fi dans ces derniers temps ces fortes de Spectacles femblent avoir diminué à caufe du retranchement des Machines, ils ont augmenté d'une autre maniere, puis qu'au lieu d'une feule Perfonne qui couroit autrefois, on en voit préfentement quatre dans la Carriere, qui en quatre endroits diférens attirent les regards des Spectateurs, & forment un Spectacle plus attachant, plus continu, plus noble, & où l'adreſſe des Chevaliers ſe fait plus remarquer aux yeux des Perſonnes qui aiment les choſes ſolides, que toute la pompe des Chars, qui n'ébloüiſſent que le Vulgaire. On ne ſçauroit dire trop de choſes à l'avantage des Carrouſels ; ils ſont d'un ancien Uſage, & portent toutes les marques d'une inſtitution ſçavante. Ils ont fait de tous temps les Divertiſſemens des Princes, & des Perſonnes de naiſſance. Tout ce que le Monde a jamais eu de plus galant, & de plus ſpirituel, y a eſté employé, & l'Antiquité n'a rien de plus agreable, ny de plus ingénieux. Stace a dit *Que c'eſtoit une Etude délicate, une Adreſſe des plus fines, & un Divertiſſement qui fait voir les images de la Guerre au milieu de la Paix.* Le Cirque eſtoit chez les Anciens le Lieu où les Carrouſels ſe faiſoient. Il eſtoit dedié au Soleil & à Neptune, ce qui convient parfaitement bien au Roy, que toute la Terre reconnoiſt aujourd'huy ſous l'image du Soleil, & à qui les Puiſſances Maritimes les plus redoutées ſont venuës rendre hommage depuis quelques années.

Les Jeux du Cirque, ſeuls aujourd'huy connus ſous le nom de Carrouſels, n'ont jamais eſté condamnez comme tous les autres Jeux. On a toûjours eu pour eux l'eſtime qu'on doit avoir pour des Exercices d'adreſſe, de valeur, & d'appareil, & ils paſſérent pour Jeux innocens, apres qu'on leur eut ôté les marques de la Superſtition. S'il y a de la nobleſſe dans la plûpart des autres Divertiſ-ſemens, ceux-cy ne ſont regardez que comme des Exercices laborieux ; tout le divertiſſement n'eſt que pour les Spectateurs, qui en gouſtent le plaiſir ſans aucun mélange de peine. Les ſujets de ces Jeux doivent eſtre tirez de l'Hiſtoire ou de la Fable, & il faut qu'ils ſoient Militaires & Guer-riers, parce que les Exercices & les Courſes des Carrouſels ſont Militaires. C'eſt par cette raiſon qu'on a ſouvent vû le Roy y prendre plaiſir, & toûjours ſous l'Habit Romain, & avec la Deviſe du Soleil, remporter des Prix dans ces guerrieres & galantes Feſtes, qu'il laiſſoit enſuite diſputer à l'adreſſe des autres Cavaliers, apres que la ſienne avoit triomphé, la gloire ſeule l'ayant toûjours animé, & Sa Majeſté en ayant toûjours uſé de cette ſorte à l'égard des Prix dont l'agilité & le ſort décident. Les Carrouſels eſtant, ainſi que l'on vient de voir, des Exercices laborieux, il ne faut pas s'étonner ſi le Roy a fait choix de ce Di-vertiſſement pour faire plaiſir à la Nobleſſe, en

luy

luy donnant des occupations utiles. Le deſſein de faire un Carrouſel ayant donc eſté formé par Sa Majeſté, & Monſeigneur le Dauphin devant ordonner tout ce qui le regardoit, ce Prince ſouhaita que Monſieur le Duc de S. Aignan, Premier Gentilhomme de la Chambre de Sa Majeſté, fort galant, & accoûtumé à tous ces Exercices, luy propoſaſt divers Sujets pour ce Carrouſel, entre leſquels ce Prince & Madame la Dauphine dont l'eſprit eſt tres-délicat & tres-éclairé, choiſirent celuy des Galans Maures de Grenade, & firent deſſein d'opoſer au Party des Abenſerrages celuy de Zegris, & de joindre à ces deux Factions les Familles qui leur eſtoient alliées ; comme aux Abenſerrages, les Gaſuls, les Alabeſes, & les Almoradis ; & aux Zegris, les Vanégues, les Goméles, & les Maces. Ce deſſein eſtant ainſi réſolu, On a donné de diférentes Couleurs aux dix Cavaliers des huit Brigades qui compoſent les deux Quadrilles, comme.

Le Noir, & Or.

Le Violet, Or & Argent.

Le Griſdelin, & Argent.

La Couleur de feu, Or & Argent.

Le Verd, l'Or & l'Argent.

B

Le Jaune & l'Argent.

Le Cramoify, Or & Argent.

La Feüille-morte, & l'Argent.

On vient de faire voir que les fujets des Carrou-fels font ordinairement tirez de l'Hiftoire ou de la Fable, & qu'ils doivent eftre Militaires & Guerriers. Il ne manque rien à celuy-cy pour eftre un veritable Carroufel. Il eft Hiftorique, eftant tiré de l'Hiftoire des Guerres Civiles de Grenade, & il eft Militaire & Guerrier, puis qu'il eft compofé de deux Partis, dont les cruels démeflez ont fait répandre beaucoup de fang à l'un & a l'autre. Voicy un Extrait de ce que l'Hiftoire dit des fources de leur haine.

Ifmaël dixhuitiéme Roy de Grenade, eftant mort en 1465. Muley Hazen fon Fils luy fuccéda. Celuy-cy eut un Fils nommé Boaudilin, & un autre, qui fut le fruit d'un amour fecret, & qu'on appella Muça. L'Infant Boaudilin s'eftant fait aimer de tous les Chevaliers de Grenade, qui fe plaignoient de fon Pere, fut fait par eux Roy, & on l'appella *El Rey Chico*, qui veut dire, *Le Roy Petit*. D'autres Chevaliers prirent le party du Pere, en forte qu'il y avoit deux Roys à Grenade. Dans un grand Bal qui fe fit un jour en préfence du Roy Chico & de la Reyne, Muça envoya un Bouquet à Darache dont il eſtoit amoureux. Darache qui aimoit Abenhamete, Chevalier Abenſerrage, prit le Bouquet à regret parce qu'elle n'oſa le refuſer, & apres avoir dancé dans ce Bal avec cet Abenſerrage, elle luy donna le Bouquet; ce que Muça ayant vû, il s'avança vers l'Abenſerrage, & luy dit tranſporté de jalouſie, Dy-moy, vil Deſcendant de Chrétiens, Chevalier mal né, ſçachant que ce Bouquet a eſté fait de ma main, & que je l'ay envoyé à Darache, comment as-tu oſé le prendre? Sans le reſpect que j'ay pour le Roy, je châtierois tout-à-l'heure ton inſolente temérité. Le brave Abenſerrage tout enflamé de colere, luy répondit. Quiconque dira que je ſuis mal né, ment mille fois, car je ſuis bon Chevalier, & Fils de Noble, & apres le Roy mon Seigneur il n'y a perſonne tel que moy. Là-deſſus ils mirent l'Epée à la main, on les ſépara, & le Roy euſt puny Muça, comme Autheur de la Querelle, ſi les Dames n'euſſent obtenu ſa grace. Ce trouble eſtant appaiſé, il s'en émut un autre. Un des principaux Zegris dit à Abēhamete, Abenſerrage, le Roy en donnant la faute à ſon Frere Muça n'a pas pris garde que vous avez dit, qu'a-

pres le Roy il n'y avoit point de Chevalier comme
vous. Il n'eſt pas d'un Chevalier de ſe vanter
comme vous avez fait, puis qu'il y en a beaucoup
dans le Palais qui vous valent bien ; & ſi ce n'é-
toit que je ne veux pas cauſer de troubles, je vous
ferois acheter cher la parole que vous avez dite
devant tant d'honneſtes Chevaliers. Le Malique
Alabez, proche Parent des Abenſerrages, dit au
Zegri, Je m'étonne que vous ſoyez ſeul à vous
piquer en un lieu où il y a un ſi grand nombre de
braves Chevaliers. Il n'y avoit qu'à recommencer les troubles. Ce qu'a dit Abenhamete a eſté
bien dit, parce qu'on connoiſt fort bien qui ſont
& d'où viennent tous les Chevaliers qu'on voit à
Grenade ; & ne croyez pas, vous autres Zegris,
que parce que vous deſcendez des Roys de Cor-
douë, vous ſoyez meilleurs ny tels que les Abenferrages, qui ſont naturels de Marroc & de Fez,
Deſcendans des Roys de ce Païs, & du grand Mi-
ramolin, puis que vous ſçavez que les Almoradis
ſont de cette Maiſon Royale de Grenade, auſſi
de lignage de Roys d'Afrique ; & quant à nous
autres les Maliques Alabeſes, vous n'ignorez pas
que nous deſcendons du Roy Almohabez, Seigneur du celebre Royaume de Cuco, & Parens

dès

des fameux Maliques. Or où tous ceux dont je parle ont bien voulu se taire, ce n'est pas à vous à faire de nouveaux débats.

Ce que je dis est la verité, qu'aprés le Roy, il n'y a point de Chevaliers comme les Abenserrages, & qui dit le contraire, ment, & je ne le tiens pas pour noble. Les Zegris , les Gomeles, & les Maces, qui estoient tous d'un Party , entendant cela , voulurent donner la mort à l'Alabez, les Alabeses, les Abenserrages , & les Almoradis, qui estoient du Party contraire, les défendirent. Le Roy empescha le desordre. On mit l'Alabez prisonnier dans l'Alhambre, & le Zegri dans les Tours Dermeilles ; & enfin le different fut accommodé. On fit pour cela une Feste publique de Tournois & de Taureaux. Cette Feste fut ce qui augmenta l'inimitié entre les Abenserrages, &les Zegris. Ces derniers se souvenoient avec chagrin de ce que l'Alabez avoit dit, & il estoit d'ailleurs arrivé une autre chose dont ils vouloient se vanger. Un Abenserrage aimé de Zaide , une des plus belles Maures en receut un jour un tissu de ses cheveux qu'il mit à son Turban , & parla de cette faveur receuë au Maure Audalla Tarfe , son Amy. Celuy-cy qui

C

aimoit fecrettement Zaide, jaloux du bonheur de l'Abenferrage, réfolut de le troubler, en difant un jour à Zaide qu'elle prit garde à qui elle faifoit des faveurs, parce que l'Abenferrage fe vantoit à tout le monde du Prefent qu'elle luy avoit fait de fes cheveux. Zaide ne voulut plus voir l'Abenferrage, qui defefperé des mépris de fa Maiftreffe, refolut de fe vanger de Tarfe. Il fe trouva dans la Place de Vivaramble luy fit mettre la main à l'Epée, & le laiffa fi bleffé qu'il mourut fix jours apres. Tarfe eftoit amy des Zegris. Mohamad Zegri qui eftoit le Chef de cette Famille, leur propfa de prendre l'occafion de fe vanger dans la Fefte du Tournoy. Muça fut le Chef de la Quadrille des Abenferrages, fi aimez à Grenade, qu'il n'y en avoit aucun qui ne fuft favorifé des plus belles Dames. Le Malique Alabez dont on a parlé, eftoit de la mefme Quadrille. Mahomad Zegri, Chef de celle des Zegris, apres avoir fait fix Courfes, fe fit donner une Lance qui avoit un fer aigu, & la jetta contre l'Alabez avec tant de force, que le fer luy perça l'Ecu & le bras. L'Alabez fe voyant bleffé & plein de fang, cria qu'il y avoit de la trahifon. Les Abenferrages prirent leurs Lances, & l'Ala-

bez traverſant avec furie la Quadrille de Mahomad qui s'en retournoit à ſon poſte, choiſit Mahomad pour l'attaquer, comme ayant eſté bleſſé
de luy, & luy jetta ſa Lance ſi fortement, que
malgré une Cote de maille qui le couvroit, elle
luy perça le Corps, dont il tomba mort. Là-deſſus les Abenſerrages commencérent un ſanglant
Combat; & comme ils s'eſtoient munis de Cotes
de maille, dans le deſſein qu'ils avoient de ne faire
pas un Jeu de cette Feſte, ils euſſent eu l'avantage ſur leurs Ennemis, ſans l'extréme valeur des
Abenſerrages. Le Roy fit ceſſer ce Combat. Les
Gomeles & les Maces s'eſtoient mis du Party
des Zegris, qui emportérent le corps de Mahomad. Les Almoradis ſoûtenoient les Abenſerrages. Il y eut beaucoup de monde tué de part &
d'autre, & depuis ce jour l'inimitié fut mortelle
entre ces deux Familles.

Ces deux Partis ſont diviſez en huit Brigades
dans le Carrouſel de Monſeigneur le Dauphin,
& portent les huit Couleurs qui viennent d'eſtre
marquées. Outre ces huit couleurs, il y en a encore trois autres, les deux Chefs de Quadrilles
& le Maréchal de Camp General, en ayant de
diférentes, comme on verra dans la ſuite.

Tout ce qui compoſe cette pompeuſe Caval-cade, doit partir de la ſeconde Cour du Châ-teau, pour ſe rendre dans la Carriere où l'adreſſe de tout ce que la France a de plus illuſtre No-bleſſe doit paroiſtre.

Deux Trompettes ouvriront la Marche, & feront ſuivies de Mr du Mont, Major des Qua-drilles, ſous le nom de Caraman. Son Habit ſera incarnat, tout brodé d'argent, & d'un deſſein diférent de ceux qui ſont de la meſme couleur.

Quatre-vingt Pages des Chevaliers de la Qua-drille de Monſeigneur le Dauphin paroiſtront enſuite, veſtus des Couleurs des quatre Briga-des de cette Quadrille, dont le meſlange pro-duira une agreable & riche diverſité. Ils feront avantageuſement montez, & porteront les Ecus de leurs Maiſtres.

Les ſix Pages des deux Maréchaux de Camp de la meſme Quadrille, paroiſtront enſuite, & marcheront trois à trois.

Ils feront ſuivis des Trompettes & Timba-liers de Monſieur le Duc de S. Aignan, Maréchal de Camp General.

Ce Duc ſous le nom d'Abenamin ſuivra, avec quatre Eſtafiers à ſes Etriers, portans des Bâtons dorez.   Deux

Deux de ſes Pages porteront, l'un ſa Lance, & l'autre ſon Ecu ; & deux autres ſeront chargez de ſes Dards.

Monſieur le Duc de S. Aignan ſera veſtu d'une Cuiraſſe à l'antique de lames d'argent, ornée de Broderie tout or, & d'Echarpes de Rubis. Son Caſque ſera d'argent, & de Feüilles d'or bruny, chargé d'un Sphinx d'or, qui ſoûtiendra quinze Plumes toutes blanches, & quinze autres mouchetées d'incarnat, & de noir, avec une Aigrete de Heron. Le devant de ce Caſque ſera orné de Rubis, ſon Sonnelet ſera de Satin incarnat brodé de feüillages d'or, d'argent & de Rubis. L'Epée & le Ceinturon en ſeront auſſi garnis, il aura l'Epée à la main pendant la marche, auſſi bien que les autres Officiers Genéraux. Son Cheval ſera fort ſuperbe, ſa Houſſe ſera de la meſme richeſſe que l'Habit qu'on vient de décrire. Un Bouquet de Plumes comme celles du Caſque ornera la teſte du Cheval, dont les allures ne s'accommoderont pas mal à la fierté, que le Maiſtre fera paroiſtre ſous les armes. Ses Pages & ſes Eſtafiers, ſes Trompettes & ſon Timballier porteront les meſmes Couleurs, que ceux de Monſeigneur le Dauphin, qui ſont In-

D

carnat & d'argent, mais le deſſein des Habits ſera different; & comme il eſt Maréchal de Camp
Genéral, on a mêlé un peu de noir parmy l'Incarnat, afin que les Couleurs euſſent quelque
choſe qui marquaſt un Equipage particulier.
Ceux des deux Maréchaux de Camp de la premiere Quadrille auront les meſmes couleurs.

Avant que d'entrer dans le détail d'aucune
des deviſes qui doivent paroiſtre à ce Carrouſel,
on doit dire que la Deviſe eſt une expreſſion in-
génieuſe de quelque paſſion ſecrette, & quelle
ſert à faire l'aplication, d'une proprieté naturelle
de quelque corps ſenſible à une qualité morale.
On exprime par là ſes ſentimens d'une maniere
ingenieuſe. Les Maures, & les Arabes les expli-
quoient ſeulement par des couleurs, l'Alcoran
leur ayant défendu toutes ſortes de Figures, il ne
reſta que ces deux voyes d'exprimer leurs penſées
par des choſes ſenſibles, & c'eſt d'eux que nous
eſt venuë l'explication des Couleurs; mais elles
ne ſont pas aujourd'huy ſi myſtérieuſes qu'elles
eſtoient ſous les Maures : ce n'eſt pas qu'ils ayent
toûjours ſi exactement obſervé l'Alcoran, qu'ils
n'ayent quelquefois pris des Deviſes figurées. On
en trouvera de toutes manieres parmy le grand

nombre de celles, qui entrent dans ce Carrousel.

La Devise de Monsieur le Duc de S. Aignan est un Diamant taillé à facettes, & sans estre mis en œuvre, avec ces mots.

DA OGNI PARTE FIAMMEGGIA.

Voicy l'Explication que Mr de Vertron en a faite.

A la Cour, au Parnasse, & dans le Champ de
*   Mars,*
Ce Guerrier intrépide agit toûjours de même;
Son esprit, sa vigueur, & sa valeur extrême,
Comme le Diamant brillent de toutes parts.

Monsieur de Casaux se fera ensuite remarquer avec l'Ecu de Monseigneur le Dauphin qu'il portera, sur lequel il y aura trois Couronnes pour Devise; sçauoir une Couronne de Dauphins au milieu, une de Myrthe à l'un des costez, & une de Laurier à l'autre, avec ces paroles.

LAS MERECE.

Voicy des Vers qui ont esté faits sur cette Devise.

Pour le mieux couronner, le Sang, l'Amour, la Gloire,
Se sont disputé la victoire.
Ces Couronnes d'un prix à qui tout doit ceder
Rendent sa grandeur sans limite,
Heureux qui peut les posseder,
Mais plus heureux qui les mérite.

Il sera superbement monté, & son Habit sera incarnat, & brodé d'argent. Vingt Pages de Monseigneur le Dauphin le suivront. Ils seront vestus en Africains, avec des Habits incarnat brodez d'Arabesques d'argent. Leur chaussure sera en Brodequins, & leurs Plumes incarnat & blanc. Les Housses de leurs Chevaux seront de la mesme couleur de leurs Habits, & aussi brodées d'argent, & les Harnois de mesme, & en chanfrin, les testes de leurs Chevaux seront aussi ornées de Plumes incarnat & blanc.

Monsieur du Gast, & Monsieur de Neuville, Ecuyers de la Grande Ecurie, marcheront ensuite, portant l'un la Lance de Monseigneur le Dauphin, & l'autre ses Dards.

Deux Timbaliers & huit Trompettes suivront ces deux Ecuyers. Leurs Habits doivent estre tres-riches, & de la mesme couleur que ceux des Pages, mais d'un dessein diférent.

Monſeigneur le Dauphin ſous le nom de Muce,
que ce Prince a choiſy luy-meſme, & monté ſur
un Cheval d'Eſpagne bay, appellé *le Glorieux*,
ſe fera enſuite remarquer au milieu de vingt Valets de pied portant des Dards, & ſera moins
diſtingué par la foule qui l'environnera, que par
la bonne mine qu'il a à cheval; & ſi, comme il
s'eſt pratiqué en beaucoup de Carrouſels, il y
avoit un Prix pour le plus bel Homme de cheval,
& qui a la meilleure grace les armes à la main,
ce Prix ne luy ſeroit pas diſputé par ceux meſme
à qui ce Prince ſeroit inconnu.

Il aura derriere luy M.r de Gaſſion, Enſeigne
des Gardes du Corps, & M.r du Sauſſoy, Ecuyer
du Roy, & ſervant préſentement auprés de
Monſeigneur le Dauphin.

Les vingt Valets de pied qui l'environneront
ſeront veſtus en Africains, & la richeſſe de leurs
Habits ſera preſque égale à celle des Habits des
Pages, qu'on vient de décrire. L'Habit de Monſeigneur le Dauphin ſera brodé d'argent ſur un
fonds d'incarnat vif, les Gances des Fleurons ſeront de petits Rubis & Diamans, & toutes les
tailles en ſeront marquées par une Moſaïque de
Velours noir decoupée, & brodée d'or qui en-

E

chaſſe de petits Rubis & Diamans. L'Habit eſt fermé par de grandes Boutonnieres d'or, dont les petits Ornemens ſont de Rubis & de Diamans. Le Tonnelet eſt brodé de meſme le corps, & garny de meſmes Boutonnieres. Il eſt ſeparé en huit Baſques. Dans le milieu de chacune on voit une Teſte brodée en Bas relief, & coëfée d'une petite Chaîne de Rubis & de Diamans, qui entrelaſſe ſes cheveux. Une Campane d'argent en feuille de Jaſmin, borde les Baſques du Tonnelet. La Poignée de l'Epée, le Fourreau, & le Porte-Epée, ſont garnis de Rubis & de Diamans. Un Collier tout de Pierreries luy ſert de Cravate. Sa Coëfure en forme de petit Turban formé de taillades à jour, eſt de Velours noir, tout garny de Rubis & de Diamans enchaſſez dans de l'or. Ses Plumes ſont blanches, mouchetées d'incarnat, & ſurmontées d'une Aigrette noire. La Houſſe du Cheval de Parade eſt extraordinaire pour le deſſein & pour la richeſſe. C'eſt un Compartiment Arabeſque, decoupé, & brodé d'or. Des Pierreries ſont enchaſſées dans cette Broderie, de meſme que dans celle de l'Habit. Le fonds incarnat eſt brodé de grands Fleurons qui entrelaſſent l'Arabeſque de Velours. Toutes les graines de la nerveure de la Broderie font de Rubis & de Diamans. Tous les contours de la Houffe font ornez de petits Feftons de Point d'Efpagne d'argent, garnis de Pierreries, auffi-bien que le Harnois du mefme Cheval.

Le Cheval fur lequel Monfeigneur le Dauphin doit coure eft Ifabelle, & nommé *le Parfait*. Sa Houffe eft brodée fur un fonds incarnat coupé en maniere de Lambrequins, fur chacun defquels on voit une Tefte brodée en Relief, avec des Ornemens pareils aux Bafques de l'Habit de ce Prince. Le Harnois eft incarnat, tout brodé d'argent, avec des Rofes de Rubis & de Diamans, ainfi que les Boffettes, la Mufiliere & le Fronteau. L'Aigrette qui orne la tefte de ce Cheval, eft en maniere de Soleil.

Monfieur le Marquis de Dangeau, l'un des Maréchaux de Camp de la Quadrille de Monfeigneur le Dauphin, eft à la tefte de vingt Chevaliers de cette Quadrille. Il eft entouré de trois Eftafiers. Il feroit difficile de rien voir de plus magnifique que fon Habit. Il a les mefmes Couleurs que le Maréchal de Camp Genéral. Sa Devife eft un Oranger chargé de Fleurs & de Fruits, avec ces paroles.

FERT AUTUMNI ET VERIS HONORES.

Il a dequoy s'applaudir en tout temps
De la gloire qui l'environne.
Regardez-le dans son Printemps;
La beauté de ses Fleurs étonne;
Regardez-le dans son Automne,
Peut-il avoir des Fruits plus éclatans?

On trouvera à la fin de ce Livre les Devises, avec l'Explication de la plus grande partie, de mesme celles qu'on vient de voir.

Voicy les noms des Chevaliers de la premiere Quadrille, selon l'ordre qu'ils paroistront, & mesme les noms des Personnes qu'ils représentent dans ce Carrousel.

CHEVALIERS ABENSERRAGES.

Monsieur le Marquis de Créquy,	*Zelebin*
Monsieur le Marquis de Nangis,	*Zuleme*
Monsieur le Comte de Brionne,	*Abindarays*
Monsieur le Duc de la Trimoüille,	*Zayd*
Monsieur le Grand Prieur,	*Abenamar*
Monsieur de Mailly,	*Hamat*
Monsieur de la Rocheguion,	*Muley Hassen*
Monsieur le Prince d'Elbeuf,	*Zarcan*
Monsieur le Duc de Vendosme,	*Moraysel*
Monsieur le Comte de Fiesque,	*Albayad*

Ces

Ces Chevaliers auront chacun une Lance à
la main, & deux Eſtafiers à coſté d'eux. Leurs
Couleurs ſont Or & Noir. Le fond des Habits
des Chevaliers eſt d'une Etofe lamée d'or, ſur
laquelle il y a un Compartiment de Velours
noir decoupé, & enrichy de Roſes de Diamans
& de Rubis, enchaſſez dans de la Broderie d'or.
Les fonds de la Lame, qui paroiſſent entre les
Compartimens de Velours, ſont rebrodez d'or
mat ſur les fonds brillans, de maniere qu'il ſem-
ble que ce ſoient des Habits de Velours noir
decoupez, ſur des Habits de Toile d'or. Les
Coëfures ſont dans le meſme gouſt, & ornées
de Plumes noires mouchetées d'Aurore, avec
une Aigrette blanche dans le milieu. Les Houſſes
des Chevaux ſont à jour, & brodées d'or comme
les Habits, & garnies de Rubis & de Diamans.
Les Bas ſont noirs, & brodez d'or, & laſſez en
maniere de Brodequin à jour, tout garny de
Pierreries.

Les Habits des Pages ſont à fond noir, &
brodez d'or. Leurs Houſſes ſont de meſme, &
les Habits des Eſtafiers ſont preſque d'une égale
richeſſe. Toutes les Lances de cette Brigade ſont
noires, & remplies d'Ornemens d'or. Elle doit

F

eſtre ſuivie de celle des Gazules. Ils marcheront la Lance à la main , & en cet ordre.

GAZULES.

Monſieur le Prince de Furſtemberg,	*Gazul*
Monſieur le Prince Camille,	*Ortobule*
Monſieur de Chamarante,	*Almadan*
Monſieur le Marquis de Bellefond,	*Almida*
Monſieur le Marquis de Nelle,	*Morat*
Monſieur de Conikſmarc,	*Aladul*
Monſieur le Prince de Rhoan,	*Reduan*
Monſieur le Duc de Roquelaure,	*Abdalla*
Monſieur le Prince de Tingry,	*Abaza*
Monſieur le Marquis de Rochefort,	*Mecmet*

Les Chevaliers de cette Brigade ont pour Couleurs , Violet & Argent. Ils ont de grandes Veſtes fermées par devant, avec de riches Boutonnieres d'or, ornées de Rubis & de Diamans. Un Turban envelopé de Chaînes de Pierreries, leur ſert de Coëfure. Leurs Houſſes ſont à fond violet , brodées d'or, en maniere de Caparaçon. Tous les Habits de cette Brigade, juſques à ceux des Eſtafiers, ſont ſi magnifiques, qu'elle peut eſtre appellée la Riche.

Monſieur le Duc de Gramont, auſſi Maréchal de Camp de la premiere Quadrille, fous le nom d'Ibrahim paroîtra enfuite à la tefte des vingt Chevaliers reftansde la mefme Quadrille, dont voicy les noms.

ALABESES.

Monfieur le Marquis de Hautefort,	*Alabez*
Monfieur le Marquis de la Chaftre,	*Almanzor*
Monfieur le Chevalier de Broglio,	*Cidhamet*
Monfieur le Comte de Braffac,	*Zelindor*
Monfieur Dantin,	*Alhamin*
Monfieur de Trenel,	*Ramire*
Monfieur de Villacerf,	*Aldoradin*
Monfieur le Marquis de Livry,	*Orcame*
Monfieur de Médavy,	*Helyhamte*
Monfieur de Liftenoy,	*Alderic*

Le Grifdelin & Argent brillent dans cette Brigade, puis que ces dix Chevaliers le portent pour Livrée. Léur Habit eft en maniere de Vefte, avec une Mofaïque réguliere brodée d'argent, & dans chaque Fleuron, il y a une Emeraude. Deux manieres d'Echarpes de Velours noir brodé d'or, traverfent tout le devant & le derriere du corps. Il y a dans le milieu du devant, une Enfeigne de Pierreries qui attache ces deux Echarpes. La Coëfure eſt d'une Etofe d'argent rayée griſdelin & or , & faite en Turban , & les Plumes ſont blanches & griſdelin. Les Houſſes ſont en maniere de Reſeau fort large. Les croiſades de chaque Reſeau ſont noüées d'un Nœud de Diamans , & ce Reſeau eſt brodé de Fleurons , & bordé d'une large bande de griſdelin, avec des Fleurons d'argent , ornez d'Emeraudes & de Diamans.

Les Habits des Pages ſont en partie de peau de Tigre , & de Reſeau d'or , au travers duquel on croit voir la chair. Leur Coëfure paroiſt une teſte naturelle de Leopard , & elle eſt couverte de Plumes griſdelin. Ces Pages ſont armez d'Arcs & de Fléches. La Houſſe de leurs Chevaux eſt une peau de Tigre , dont les deux moitiez de teſte ſe viennent raſſembler au poitrail. Les Eſtafiers ſont auſſi tres-richement veſtus, & dans le meſme gouſt que le reſte de la Brigade. Les Lances de ceux qui la compoſent ſont griſdelin, & toutes remplies d'Ornemens d'argent, & l'on peut dire que ces Chevaliers remporteroient le Prix de la Galanterie , ſi l'on en donnoit encore aux Carrouſels. Ceux qui les ſuivent ne ſur-prendront pas moins par la richeſſe de leurs

Habits

Habits. C'eſt la Brigade des Almoradis. Ils font accompagnez chacun de deux Eſtafiers & marchent la Lance à la main.

ALMORADIS.

Monſieur le Chevalier Colbert,	*Almorady*
Monſieur Cœdelet,	*Zagahi*
Monſieur le Marquis de Plumartin,	*Odomar*
Monſieur de Bouzoles,	*Azahide*
Monſieur de Mirpoix.	*Almohabes*
Monſieur le Comte de Roucy,	*Azarque*
Monſieur de Tiange,	*Delimant*
Monſieur de Caſtres,	*Omar*
Monſieur le Comte de la Fayette,	*Almeric*
Monſieur de Palavichin,	*Benavide*

On ne peut rien voir de plus magnifique que leurs Habits. Le corps eſt une Armure Africaine dont le fond eſt couleur de feu, avec une Teſte de Méduſe brodée d'or dans le milieu du corps. Toutes les Bordures de l'Habit ſont brodées d'or ſur du noir, & tout le fond couleur de feu eſt brodé d'Ornemens d'argent. Le Tonnelet coupé en pluſieurs Baſques rondes, eſt de la meſme richeſſe que le corps. Les Manches, qui ſont de Point d'Orillac, or & argent, en

G

maniere de Chemife, & à jour, font refferrées
par trois Bracelets de Diamans & de Rubis, &
tout l'Habit eft orné de Diamans & d'Emeraudes. La Coëfure eft de Velours noir, brodée
d'or, & ornée de Rubis & de Diamans. Les
Plumes font couleur de feu, montées en chanfrin, avec une Aigrette noire. Ces Chevaliers
ont une maniere de Colier de Velours noir brodé
d'or, & couvert de Rubis & de Diamans. Leur
Peruque eft coürte par devant, & tombe en
rond derriere le dos, avec quatre grandes Nattes
laffées de Perles, de Rubis & de Diamans. La
Garde de leur Epée, & le Fourreau font couverts de Pierreries, & les Lances couleur de feu,
& peintes d'Ornemens d'argent. Plufieurs Bandes en maniere de Chaînes forment les Houffes,
& fe viennent toutes raffembler autour d'une
Tefte de Médufe, des deux cofté de la croupe
du Cheval. Le vuide de toutes ces Bandes de
Chaînes, eft un Raifeau d'or à jour, & l'on voit
encore une Tefte de Médufe dans le milieu du
poitrail, où fe viennent attacher les deux côtez
de la Houffe. Tout le Harnois de la Tefte du
Cheval eft couleur de feu, brodé d'Ornemens
d'argent, & couvert de Diamans & d'Eme-

raudes. Les Boſſettes, la Muſilliere & le Fronteau, en ſont auſſi chargées, & les Plumes des
Chevaux ſont de meſme couleur que celles des
Chevaliers, & montées de meſme. Le crin des
Chevaux eſt attaché en maniere de Feſtons, &
noüé de Rubans, avec une Roſe de Diamans ſur
le nœud. Les Habits des Pages & des Eſtafiers
répondent à ceux des Chevaliers, & ſont auſſi
ornez de Broderie.

Cette Quadrille ſera ſuivie de celle que com-
mande Monſieur le Duc de Bourbon.

Les deux Chefs & leur Equipage ayant des
Couleurs particulieres, ainſi qu'on l'a déja marqué, celles de Monſieur le Duc de Bourbon ſeront Bleu, Or & Argent, & ſes Couleurs com-
menceront à ſe faire remarquer ſur les Habits de
deux Tymbaliers & de ſix Trompettes, qui ſeront auſſi galamment, que richement vétus.
Monſieur le Duc de Bourbon paroiſtra enſuite
ſous le nom de Abderame, entouré de dix Valets de pied vétus en Négres. L'Habit de ce Prince eſt une Veſte dont le fond eſt bleu. Toutes les
Tailles, Boutonnieres & Ceintures ſont brodées
d'Or mat, rebrodé de petites Fleurs d'Or brillant, qui enchaſſent des Rubis & des Diamans,

& tout le plein de l'Habit, eſt brodé d'Argent en
compartimens, où ſont enchaſſées d'autres petites Pierreries. La Coeffure eſt un Turban d'u-
ne Etoffe à fond d'Argent rayé d'Or, & de Bleu;
enrichy de pluſieurs Feſtons de Rubis, & ſa grande magnificence n'empeſche pas qu'on n'y remarque une maniere galante.

Son Colier eſt de velours Noir enrichy de Pierreries. Il a pour chauſſure un Bas de Soye bleu,
brodé Or & Argent, & un brodequin à jour orné
de Rubis, & de Diamans. La Houſſe de ſon Cheval
de parade ſera à jour, & orné de quantité de Feſtons brodez d'Or. Les Fleurs des Feſtons ſont for-
mées dans la broderie par des Rubis, & des Diamans, la Teſtiere & la Bride du Cheval, ſont d'u-
ne broderie or & argent ſur un fond bleu, avec
quantité de Pierreries, les Boſſettes & les
Eſtriers en ſont auſſi couverts. Une Aigrette de
Pierreries, brille ſur la teſte du Cheval, & par
deſſus cette Aigrete, pluſieurs Plumes bleuës &
blanches s'élevent en chanfrein. La Houſſe du
Cheval n'eſt pas moins magnifique, elle eſt auſſi
brodée ſur un fond bleu, & aſſortit tres-bien à
l'Habit.

Monſieur le Duc de Bourbon ſera au milieu
de

de dix Négres. Leurs Veſtes ſont à bandes or &
bleu. Ces bandes ſont jointes par entrepoils
par des Raizeaux d'argent à jour, au travers deſ-
quels on voit des Caleçons de Satin noir, dont
le luiſant repreſente tres-bien la peau du Negre.
Ils ſont armez d'Arcs, de Carquois, & de Coliers
d'argent, & ont tous des Pendants d'oreilles.
Leur Turban eſt grand & de forme bizare, & des
Plumes bleuës & blanches s'élevent au deſſus.

Monſieur le Duc d'Uſez, Maréchal de Camp de
cette Quadrille, ſous le nom d'Amurat, ſuivra
Monſieur le Duc de Bourbon, & ſera à la teſte
des Zegris & des Vanegues, trois Eſtafiers environneront ce Duc, dont l'Habit ſera d'une fort
riche Etoffe, reſſerée par pluſieurs Ceintures de
Pierreries enchaſſées dans de la broderie d'or ſur
un fond bleu : ce qui forme une maniere d'armure
Africaine. Il a pour coeffure un Turban dont
l'Etofe quoy que fort riche, eſt laſſée de Pierreries.
Une Creſte s'éleve au deſſus de ce Turban, & il en
ſort des Plumes bleuës & blanches. Il a un Bas
de Soye bleu brodé d'or, avec des brodequins à
jour, & ſon Sabre eſt garny de Pierreries. La
Houſſe de ſon Cheval, égale preſque ſon Habit en
beauté & richeſſe.

H.

Les Zegris qui le suivent la lance à la main, sont accompagnez chacun de deux Estafiers. Il faut remarquer que tous les Chevaliers qui composent ce Carrousel, portent eux-mesmes leur Lance, ce qui ne s'estoit pas encor pratiqué. Mais comme on a remarqué la bonne grace qu'ils avoient à la porter, on a jugé à propos de les faire voir les armes à la main à ceux qui n'auroient que le plaisir de la marche.

ZEGRIS.

Monsieur de Blanzac,	*Mahomad*
Monsieur de Valentinois,	*Zelim.*
Monsieur le Duc de la Ferté,	*Dragut*
Monsieur le Marquis d'Alincourt,	*Tharsis*
Monsieur le Chevalier de Sully,	*Audalfa*
Monsieur de Sainte Frique,	*Mohavide*
Monsieur d'Artagnan,	*Alhamet*
Monsieur le Marquis de Verains,	*Atarfe*
Monsieur le Prince d'Harcourt,	*Olicarsis*
Monsieur de Liancourt,	*Abdelmeles*

Leur Habit est une Veste fermée par des Agrémens en maniere de Boutonnieres d'or, ornées de Rubis. Elle est ceinte d'une Ceinture d'or enri de Rubis & de Diamans. Le bas de cette Veste eſt ouvert par pluſieurs petites Baſques brodées d'or , & tout le plein de la Veſte eſt brodé d'argent meſlé de petits Agrémens d'or qui enchaſſent les Pierreries. Ils ont des Bas verds , brodez or & argent, & des Brodequins à jour, brodez de meſme, & ornez de Pierreries. Leur Turban eſt d'une Etofe argent & or , laſſée de Chaînes de Diamans & de Rubis , & leurs Plumes vertes & blanches, avec une Aigrette noire. Leurs Houſſes font d'une maniere extraordinaire , & des plus magnifiques. C'eſt un bord qui forme un Compartiment de Broderie d'or , qui enferme un fond verd brodé d'Ornemens d'argent , où font meſlez d'autres plus petits Ornemens d'or, dans leſquels font enchaſſées les Pierreries. Le Harnois & la Bride , font verd , or & argent, & ornées auſſi de Pierreries. Les Chevaux ont des Plumes vertes & blanches , montées en chanfrein.

Les Pages ont pour Habit un Corcelet à jour brodé or & argent, un Jupon brodé de meſme, & ſeparé en pluſieurs Baſques rondes. Leurs Houſſes font vertes , avec une Broderie or & argent. Les Eſtafiers ont une demie Veſte ouverte de pluſieurs Baſques en pointe , & ſeparées par devant, fous laquelle on voit une maniere de Chemife de toile d'argent, & rayée de verd. Au bas de cette Chemife, qui defcend plus bas que la Vefte, il y a une riche Campane d'or. Les manches de cette maniere de Chemife font fort larges, & ferrées avec plufieurs riches Bracelets. Leur Turban eft d'une Etofe pareille à celle de la Chemife, & garny de Plumes blanches & vertes. Les Vanégues fuivent les Zegris.

VANEGUES.

Monfieur de Queroël,	*Merinés*
Monfieur le Marquis de Soyecourt,	*Zaphir*
Monfieur le Marquis de Gondrin,	*Carahil*
Monfieur de Villequier,	*Ofmin*
Monfieur de Meilly,	*Haly*
Monfieur le Comte d'Hotel,	*Boaudalin*
Monfieur le Comte d'Hanau,	*Aftiorix*
Monfieur le Comte de Carpegna,	*Alamir*
Monfieur de Nogaret,	*Zamorin*
Monfieur le Marquis de Villars,	*Scandre*

Ces Chevaliers ont pour Habit, un Corfelet Africain, dont le fond eft jaune, & brodé d'or & d'argent avec des Rubis, & des Diamans. Tous les contours de l'armure font noirs, & brodez

brodez d'or. Le reste de l'habillement est de la mesme richesse, & assortit à ce Corselet. La Housse des Chevaux est formée de plusieurs manieres de bandes d'argent qui se joignent en divers endroits, & sont ratachez par des Testes de Lyons en relief brodées d'argent. Les Habits des Pages sont de broderie d'argent sur un fond jaune. Les Estafiers sont vétus d'un Brocard jaune & argent. Monsieur le Marquis de Tilladet, Maréchal de Camp de la mesme Quadrille, sous le nom d'Alcomat, marche sur les pas des Vanegues, & à la Teste de quatre-vingt Pages Gomeles & des Maces qui vont deux à deux supérbement montez, & portent les Ecus & les Dards des Chevaliers de ces deux Brigades. L'Habit de Monsieur de Tilladet est pareil à celuy de Monsieur le Duc dUsez, Maréchal de Camp la mesme Quadrille. Ce Marquis est environné de trois Estafiers, qui font suivis des trois Pages de Monsieur de d'Usez, & des trois siens. Les Gomeles paroissoient aprés, accompagnez chacun de deux Estafiers, ainsi que les Chevaliers des Brigades qui ont précedé.

I

GOMELES.

Monſieur de Coſſé,	*Caraſis*
Monſieur de Vieuxbourg,	*Benarix*
Monſieur de Monchevreüil,	*Zelman*
Monſieur Ferdinand,	*Theroſe*
Monſieur de Bouligneux,	*Herſecolis*
Monſieur le Chevalier de Soyecourt,	*Zinderame*
Monſieur de Vibray,	*Tamaras*
Monſieur le Marquis de Novion	*Alamut*
Monſieur le Duc d'Atris,	*Ambiorix*
Monſieur de Polignac,	*Imirſe*

Les Habits de ces Eſtafiers ſont faits par taillades brodées d'argent , ſur du Satin cramoiſy.
Toutes les extrémitez des Taillades ſont fermées
par une Roſe de Pierreries. On voit au travers
de ces Taillades une Chemiſe de toile d'or lamée.
Les Brodequins ſont cramoiſy & brodez. La
Coëfure eſt auſſi faite par Taillades , & garnie
de Pierreries, & de Plumes cramoiſy & blanc.

Les Houſſes ſont brodées par Bandes en Loſange , & ces Loſanges ſont remplies de Roſes
de Rubis & de Diamans. La Bride & la Teſtiere
du Cheval ſont cramoiſy , ornées d'Agrémens
d'argent. Il a un Chanfrein de Plumes cramoiſy
& blanc.

L'Habit des Pages de cette Brigade eſt un Corps cramoiſy, qui ſe ferme avec de grandes Boutonnieres de Pierreries. Les Chauſſes ſont en maniere de Trouſſes, & les Manches de meſme, ornées d'Agrémens & de Pierreries. Leur Coëfure eſt compoſée de pluſieurs Feſtons tombans ſur le dos, & toute tailladée comme les Manches. Chaque Feſton eſt noüé d'un Nœud Ruban cramoiſy & argent. Les Eſtafiers ont de petites Baſques, & une maniere de Capot qui leur ſert de Coëfure ; le tout cramoiſy & blanc, & par bandes.

La huitiéme Brigade paroiſt enſuite. Elle eſt compoſée des Chevaliers dont voicy les noms. Ils ont tous la Lance à la main, ainſi que ceux des ſept autres Brigades, & ſont accompagnez chacun de deux Eſtafiers.

MACES.

Monſieur de Vaubecourt,	*Ulma*
Monſieur de Surville,	*Muſtapha*
Monſieur de Murcé,	*Azamor*
Monſieur de Quelus,	*Giangir*
Monſieur le Marquis de Molac,	*Macmut*
Monſieur de Froulé,	*Carife*
Monſieur le Marquis de Moüy,	*Atalaric*

Monſieur de Beſemau,   *Zabaime*
Monheur de Bournonville,   *Almidor*
Monſieur le Marquis de Charoſt,   *Albumazar*

Le Feüille & argent eſt la Couleur de cette Brigade. L'habit des Chevaliers qui la compoſent, eſt une Veſte dont le fond eſt Feüille morte. Les ornemens de cette Veſte ſont brodez d'argent avec un peu d'or, & de noir, & toutes les Pierreries ſont de Rubis & de Diamans. Les Veſtes des Pages ſont chamarrées en loſange, & ornées de Pierres de couleur. Elle ſont ceintes d'Echarpes Feüille morte & blanc. Les Veſtes des Eſtafiers ſont de Brocard d'argent & Feüille morte; elles ſont courtes par le devant, & laiſſent voir une maniere de chemiſe de Taffetas lainé d'argent, & rayé Feüille morte, au bas de laquelle pend une Frange d'or.

Cette Brigade eſtant de la Quadrille de Monſieur le Duc de Bourbon, Monſieur de la Vergne Ecuyer de ce Prince mache aprés les Maces, & porte ſon Bouclier. Dix Pages de ce meſme Prince viennent enſuite deux à deux, ils ſont vétus en Africains, avec des Corſelets, dont la broderie eſt or & argent ſur un fond bleu.

Monſieur de la Noüe Ecuyer de Monſieur le
Duc

Duc de Bourbon ferme la marche.

[Lors qu'elle sera finie la comparse commencera, c'est à dire l'entrée des Quadrilles dans la Carriere dont elles feront tout le tour, pour se faire voir aux Spectateurs, & iront ensuite se rendre aux postes qui leur seront destinez.

Toute la pompeuse Calvacade qui vient d'être décrite, ayant défilé devant l'Echafaut du Roy, & Monsieur du Mont, & suivy de des Pages de la Quadrille de Monseigneur le Dauphin, qui défileront deux à deux, estant arrivé pour commencer la Comparse à l'entrée de la Carriere qui a esté marquée par Monsieur le Duc de Saint Aignan Maréchal de Camp Général, les Trompetes & Timbaliers de ce Duc marcheront aprés eux. Il les suivra, accompagné de ses quatre Pages, qui marcheront aussi deux à deux, l'un portera une Lance dorée, & fort riche, l'autre l'Ecu où la Devise sera peinte, & les deux autres porteront ses Dards. Ses Estafiers auront chacun un Javelot doré, au lieu des Bâtons qu'ils avoient auparavant. Le Maréchal de Camp Genéral, & les autres Maréchaux de Camp entreront l'Epée à la main pour saluer le Roy, & pendant les Courses ils reprendront leurs Bâtons de commandement.   K

La Lice eftant un Quarré égal , on y entrera
par l'un des coftez oppofé à celuy du Roy pour
marcher de front en bataille devant Sa Majeftê.

Les quatre-vingt Chevaliers formeront un
front de toutes les Couleurs , dont la droite fera
compofée des Abenferrages , ayant à leur gauche les Gazules , les Alabezes & les Almoradis,
& aprés une plus grande diftance , les Zegris , les
Vanegues , les Gomeles, & les Maces, qui tien-
dront la gauche de tout.

Un Bataillon de tous les Eftafiers fera pofté
derriere eux ; les Pages feront fur les aifles ainfi
que les Timballiers & les Trompettes.

Monfeigneur le Dauphin fera à la Tefte des
Abenferrages.

Monfieur le Duc de Bourbon fera à la Tefte
des Zegris , & Monfieur le Duc de Saint Aignan
un peu plus avant , & vis à vis de l'Echafaut du
Roy.

Aprés qu'on aura demeuré quelque temps en
cét état aux fanfares des Trompettes, les Abenferrages défileront deux à deux fuivis des Gazules. Les Zegris & les Vanegues prendront une
route contraire. Les Alabezes & les Almoradis
en prendront une autre , & les Gomeles & les

Maces en changeront aussi pour aller occuper les quatre coins de la Lice hors des Barrieres , chaque Troupe estant de vingt sous le Maréchal de Camp qui doit les commander. Tous les Trompettes & les Timballiers marcheront à leur Teste, & iront se poster aux quatre Angles de la Lice.

Le Maréchal de Camp Genéral partira de sa place aprés eux , & ira se poster droit au milieu de la Lice, ayant seulement ses quatre Estafiers à ses costez.

En cet état on commencera les Courses , lesquelles estant finies, les Abenserrages, les Gazules , les Alabeses, & les Almoradis , se joindront , & feront un Front opposé à celuy des Zegris , des Vanegues , des Gomeles & des Maces ; ce qui fera un tres-bel effet, parce qu'ayant la Lance à la main, & estant disposez comme s'ils estoient sur le point de se combatre, le Maréchal de Camp Genéral marchera vers l'un & vers l'autre Party , comme pour y donner la Paix , & alors ils se mettront en marche pour la Retraite, au mesme ordre qu'ils seront entrez , excepté que le Maréchal de Camp General , ses Trompettes , Timbaliers, Pages , & Estafiers , sortiront les derniers de la

Lice, & que la marche se continuëra jusque dans la seconde Cour, où elle aura commencé.

Comme apres la Comparse on doit commencer les Courses, il est necessaire de marquer icy les Reglemens & Ordonnance de Camp, que le Maréchal de Camp General a fait publier sur ce sujet.

I.

LEs Chevaliers des Quadrilles ayant fait le tour du Camp par dehors, précedez de leurs Pages, & suivis de leurs Estafiers, & passé devant le Roy, entreront dans la Lice pour la comparse, & prendront ensuite leurs postes aux quatre Angles des Barrieres, où ils recevront les ordres des quatre Maréchaux de Camp des Quadrilles.

SCAVOIR,

Les Abenserrages *&* les Gazules, *de Monsieur le Marquis de Dangeau.*

Les Alabeses, *&* les Almoradis, *de Monsieur le Duc de Gramont.*

Les Zegris, *&* les Vanegues, *de Monsieur le Duc d'Usez.*

Et les Gomeles, *&* les Maces de Monsieur le Marquis de Tilladet.*

II.

II.

Tous les Chevaliers de _Quadrilles_ courront quatre enſemble, des quatre coſtez, de la Lice, deux de
chaque party.　　　　## III.

Celuy qui fera le plus grand nombre de Teſtes, de
quelque _Quadrille_ qu'il ſoit, gagnera le Prix.

IV.

Si le Caſque, la Lance, le Dard, l'Epée, le Gand,
le Fourreau, ou l'Eſperon vient à tomber à quelqu'un d'eux; ſi le Cheval trotte ou s'abat, s'il perd la
bride, ou l'un des Etriers, la Courſe ſera nulle.

V.

Meſſieurs les Maréchaux de Camp des _Quadrilles_
ordonneront que les Chevaliers, enſuite d'une Courſe achevée, ne partent point pour en recommencer
une autre, que les Trompettes n'ayent fait l'appel aux
quatre coins de la Lice, tant pour donner lieu aux
Chevaliers de partir au meſme temps, que pour laiſ-
ſer le loiſir de faire des fanfares pour celuy qui aura
fait les quatre Teſtes.

VI.

Et pour leur donner la facilité de partir enſemble,
& leur faire regler leurs Courſes avec plus d'égalité,
chacun d'eux ſera obligé de prendre la demy-volte
autour du Maréchal de Camp qui donnera les ordres

à cette *Quadrille*. *Fait à Verſailles le vingt-huitié-*
me jour de May 1685.

LE DVC DE S. AIGNAN.

Il y aura vingt & une Courſe, chacune de
quatre Chevaliers. En voicy le rang, avec les
noms de ceux qui les doivent faire enſemble.

Premiere Courſe.

Monſeigneur le Dauphin.
Monſieur le Duc de Bourbon.
Monſieur le Duc de Vandôme.
Monſieur le Comte de Brionne.

Deuxiéme Courſe.

Monſieur de Crequy,	*Abenſerrage*
Monſieur de Hautefort,	*Alabeze*
Monſieur de Blanzac,	*Zegri*
Monſieur de Coſſé	*Gomel*

Troiſiéme Courſe.

Monſieur de Furſtemberg,	*Gazul*
Monſieur le Chevalier Colbert,	*Almorady*
Monſieur de Queroël,	*Vanegue*
Monſieur de Vaubecourt,	*Mace*

Quatriéme Courſe.

Monſieur de Nangis,	*Abenſerrage*
Monſieur de la Châtre,	*Alabeze*
Monſieur de Valantinois,	*Zegri*
Monſieur de Vieux-Bourg,	*Gomel*

Cinquiéme Course.

Monsieur le Prince Camille,	*Gazul*
Monsieur de Cœdelet,	*Almorady*
Monsieur de Soyecourt,	*Vanegue*
Monsieur de Surville,	*Mace*

Sixiéme Course.

Monsieur le Comte de Brionne,	*Abenserrage*
Monsieur le Chevalier de Broille,	*Alabeze*
Monsieur de la Ferté,	*Zegri*
Monsieur de Monchevreüil,	*Gomel*

Septiéme Course.

Monsieur de Chamarante,	*Gazul*
Monsieur de Plumartin,	*Almorady*
Monsieur de Gondrin,	*Vanegue*
Monsieur de Murcé,	*Mace*

Huitiéme Course.

Monsieur de la Trimoüille,	*Abenserrage*
Monsieur de Braffac,	*Alabeze*
Monsieur d'Alincourt,	*Zegri*
Monsieur Ferdinand,	*Gomel*

Neufiéme Course.

Monsieur le Marquis de Bellefons,	*Gazul*
Monsieur de Bouffoles,	*Almorady*
Monsieur de Villequier,	*Vanegue*
Monsieur de Quelu,	*Mace*

Dixiéme Course.

Monsieur le grand Prieur,	*Abenserrage*
Monsieur Dantin,	*Alabeze*

Monsieur le Chevalier de Sully,	*Zegri*
Monsieur de Bouligneux,	*Gomel*

Onziéme Courſe.

Monsieur le Marquis de Neſle,	*Gazul*
Monsieur de Mirepoix,	*Almorady*
Monsieur de Meilly,	*Vanegue*
Monsieur de Molac,	*Mace*

Douziéme Courſe.

Monsieur de Mailly,	*Abenſerrage*
Monsieur de Trenel,	*Alabeze*
Monsieur de Sainte Frique,	*Zegri*
Monsieur le Chevalier de Soyecourt,	*Gomel*

Treiziéme Courſe.

Monsieur de Coniſmarck,	*Gazul*
Monsieur le Comte de Rouſſy,	*Almorady*
Monsieur le Comte d'Oſtel,	*Vanegue*
Monsieur deur de Froulé,	*Mace*

Quatorziéme Courſe.

Monsieur de la Rocheguyon,	*Abenſerrage*
Monsieur de Villacerf,	*Alabeze*
Monsieur d'Artagnan,	*Zegri*
Monsieur de Vibraye,	*Gomel*

Quinziéme Courſe.

Monsieur de Rohan,	*Gazul*
Monsieur de Tiange,	*Almorady*
Monsieur le Comte d'Hanau,	*Vanegue*
Monsieur de Moüy,	*Mace*

Seiziéme

Seiziéme Course.

Monsieur le Prince d'Elbeuf,	*Abenserrage*
Monsieur de Livry,	*Alabeze*
Monsieur de Vervins,	*Zegri*
Monsieur de Novion,	*Gomel*

Dix-septiéme Course.

Monsieur de Roquelaure,	*Gazul*
Monsieur de Caftres,	*Almorady*
Monsieur de Carpegne,	*Vanegue*
Monsieur de Baifemau,	*Mace*

Dix-huitiéme Course.

Monsieur de Vandôme,	*Abenserrage*
Monsieur de Medavy,	*Alabeze*
Monsieur le Prince d'Harcourt,	*Zegri*
Monsieur le Duc d'Atris,	*Gomel*

Dix-neufiéme Course.

Monsieur de Tingry,	*Gazul*
Monsieur de la Fayette,	*Almorady*
Monsieur de Nogaret,	*Vanegue*
Monsieur de Bournonville,	*Mace*

Vingtiéme Course.

Monsieur le Comte de Fiefque,	*Abenserrage*
Monsieur de Liftenay,	*Alabeze*
Monsieur de Liancourt,	*Zegri*
Monsieur de Polignac,	*Gomel*

Vingt-uniéme Course.

Monsieur le Marquis de Rochefort,	*Gazul*
Monsieur de Palavicin,	*Almorady*

M

Monſieur le Marquis de Villars,
Monſienr d'Ancenis Charoſt,

Les Teſtes de la premiere Courſe ne ſeront comptées
que pour Monſeigneur le Dauphin & pour Monſieur le
Duc de Bourbon, qui devoient courre ſeuls enſemble ;
mais Monſeigneur le Dauphin ayant jugé que la Carriere ne ſeroit pas aſſez remplie, ſi elle ne l'eſtoit que
de deux Perſonnes, a choiſy Monſieur le Duc de Vendoſme & Monſieur le Comte de Brionne, pour la rem-
plir avec luy & avec Monſieur le Duc de Bourbon. Cette
remarque eſt neceſſaire pour empeſcher qu'on ne ſoit
embarraſſé à chercher par quelle raiſon Monſieur de
Vendoſme & Monſieur de Brionne courent deux fois,
quand les autres Chevaliers ne courent qu'une.

Rien ne peut mieux ſuivre l'ordre des Courſes, que
la maniere dont on les fera.

Les quatre qui doivent courir enſemble, feront leurs
Voltes avec tant de concert, qu'ils arriveront en même
temps au milieu du Camp, apres quoy ils reprendront leur Carriere tous à la fois, chacun vers les Barrieres où feront les Teſtes qu'ils doivent emporter à
la Lance ; puis avec une demy-Volte à la droite, ils
prendront un Dard chacun ſous leur cuiſſe, & reviendront darder la Teſte de Maure. Ils s'écarteront enſuite par une demie Volte à la droite, & reviendront
avec un autre Dard vers le milieu du grand Quarré
où ils ſe rencontreront, & feront enſemble une Volte

& demie auſſi à droite , autour du Maréchal de
Camp General. Cela fait , ils partiront tous enſemble
dans le meſme temps , & chacun d'eux changeant de
coſté , s'en ira vers la Barriere oppoſée à celle où il
aura dardé la teſte de Maure ; de là il prendra ſa demy-
Volte à droite , & reviendra le long de la Barriere darder la teſte de Méduſe. Enfin par une demy-Volte à
la droite , en s'écartant de la Barriere , il reviendra
l'Epée à la main le long de cette Barriere , pour remporter la Teſte.

Si l'on conſidere toutes les Perſonnes qui compo-
ſeront ce Carrouſsl , la richeſſe & la diverſité de leurs
Habits , la quantité des Chevaux , la beauté de leurs
Houſſes , & meſme le nombre des Plumes , qui eſt de
plus de dix mille , on aura ſujet de croire qu'on a voulu
donner dans les formes un des plus grands Divertiſſemens qu'il ſoit poſſible de voir. Cependant ſi on avoit
eu ce deſſein , on verroit autre choſe , & ce n'eſt qu'un
in-prromptu entrepris par Monſeigneur le Dauphin pour
ſon divertiſſement. La France eſt aujourd'huy dans un
état à faire voir bien d'autres merveilles , ſi le Roy vou-
loit entreprendre quelque choſe de grand de cette nature. On doit neanmoins demeurer d'accord que c'eſt
une choſe ſurprenante que la diverſité qui ſe ren-
contre dans l'habillement de tant de Perſonnes d'une
meſme Nation. C'eſt en quoy on doit remarquer le
génie de Mr Berrin , qui en ayant inventé tous les deſ-
ſeins , a pris ſoin de les faire executer. La richeſſe ne

fait pas la feule beauté de ces Habits , on en voit fou-
vent de tres-riches qui ne font que des maffes d'or &
d'argent ; mais l'on peut dire que dans ceux de ce Carroufel , il y a de la beauté , de l'intelligence , de la va-
rieté , & du gouft.

Voicy les Devifes que les Chevaliers doivent porter peintes
dans leurs Ecus. Elles font accompagnées d'autant de Madrigaux qui en donnent l'explication. Peut-eftre n'eft-elle pas
entiérement jufte en toutes , parce que ceux qui les ont faites,
ne m'ont pas fait connoiftre le fens qui eft particulier à quelques-
unes. Telle eft celle de Monfieur le Marquis de Dangeau, qu'on
a employée au commencement de ce Livre, avant qu'on en euft
affez penétré le fens. Elle eft faite fur ce que ce Marquis eftant
un des Menins de Monfeigneur le Dauphin, ce qui convient à un
Homme d'un âge peu avancé, il a efté choifi pour être en même
temps Chevalier d'Honneur de Madame la Dauphine, qui eft
l'employ d'un Hôme d'un âge plus meur. Ainfi ces paroles *Fert
Autumni & Veris honores* , qui ont pour corps un Oranger chargé
de Fleurs & de Fruits , devoient eftre expliquées de cette forte.

> *Quels defirs ne feroient contens*
> *De la gloire qui l'environne,*
> *Puis que par des droits éclatans*
> *Qu'un Deftin peu commun luy donne,*
> *Il porte dans le mefme temps*
> *Les brillantes Fleurs du Printemps,*
> *Et les plus beaux Fruits de l'Automne?*

Ces Devifes devroient eftre placées dans les diférens endroits
où l'on parle des Chevaliers qui les porteront dans leurs Ecus,
& cela auroit fait un agrément & une diverfité dans le Livre,
parce qu'on n'auroit pas leu de fuite tant de chofes d'une mefme
nature, mais la plûpart ayant negligé de les envoyer affez à
temps,il a falu fe réfoudre à les mettre enfemble à la fin du Livre.
Encore n'eft on pas affuré de les avoir toutes, l'incertitude du
choix eftant caufe que plufieurs attendent au dernier jour à les
faire peindre.   POUR

POUR MONSIEUR LE DUC DE BOURBON.

Un Vaisseau appareillé dans un Port superbe, &
prest à partir.

ASPETTO L'AURA.

Flaté d'avoir pour guide une brillante Etoile,
Qui de l'Astre du jour prend sa vive clarté,
D'impatience à toute heure agité,
J'attens le vent pour faire voile.

POUR MONSIEUR LE DUC DE VANDOSME.

Un Miroir ardent opposé aux rayons du Soleil.

NO ARDE POR MENOS.

Il trouve à s'enflâmer de sensibles appas,
L'ardeur dont il est plein paroist à tout le monde:
Mais quoy qu'elle soit sans seconde,
Pour un Astre moins noble il ne brûleroit pas.

POUR MONSIEUR LE GRAND PRIEUR.

Un Torrent qui en tombant d'une montagne en-
traîne des Arbres & des Maisons, & descendu dans
la Plaine arrose des Prez & fertilise des Campagnes.

SPAVENTA, E PIACE.

Il n'est rien de si dangereux
Que de se trouver sous sa chute,

Il force par un cours affreux
Les paſſages qu'on luy diſpute;
Et cependant tout furieux qu'il eſt,
Coule-t'il dans la Plaine, il plaiſt.

POUR MONSIEUR LE PRINCE CAMILLE.

Un Etang, où dans le milieu paroiſt un boüillon d'eau, tel que le formeroit une pierre qu'on auroit jettée; ce qui fait naiſtre quantité de cercles, qui s'agrandiſſent juſque ſur les bords de l'Etang.

PAR MAGNO MINIMUS SURGE.

Quand ce cerle élargy juſques au bord ſe rend,
Cet autre plus petit ne doit pas vous ſurprendre;
Donnez-luy le temps de s'étendre,
Il ſera pareil au plus grand.

POUR MONSIEUR DE NANGIS.

Une Barre de fer ſur un braſier ardent, qui eſt directement ſous le milieu.

SE NON ARDE, NON SI PIEGA.

L'amour ſeul rend ſon cœur moins fier,
Il faut qu'il brûle pour plier.

POUR MONSIEUR DE MAILLY.

Un jeune Laurier en terre, tourné vers le Soleil.

ASPICE, CRESCAM.

Pour me voir promptement dans un rang glorieux,
Et croiftre autant que je m'en fens capable.
Je ne veux feulement qu'un regard favorable
De l'Aftre qui luit en ces lieux.

POUR MONSIEUR LE COMTE DE FIESQUE.

Un Soleil qui darde fes rayons fur des nuages, les Vents au deffous qui foufflent des rofeaux par eux batus.

SPECTANTE RESURGUNT

Nous eftions abattus fous le funefte orage
Qui contre nous avoit fçeu s'élever;
Vn rayon lumineux a percé le nuage,
C'eft affez pour nous relever.

POUR MONSIEUR LE MARQUIS DE CREQUY.
Un Aigle volant.

URGET JUVENTAS ET PATRIUS VIGOR.

Cet Aiglon prend un vol rapide,
Voyez de quelle ardeur il fe montre animé.
Ne vous étonnez pas fi rien ne l'intimide,
Son courage répond au fang qui l'a formé.

POUR MONSIEUR DE LIVRY,

Dans la brûlante ardeur où son zele l'engage,
Si l'Astre qu'icy nous voyons
Iette sur luy quelqu'un de ses rayons,
Il poussera haut son feüillage.

POUR MONSIEUR D'ANSENIS CHAROST.

Une Montre de poche sur une table , en sorte qu'on puisse voir par le Cadran que c'est une Montre , avec des rubans , ou chaînes , & la clef.

CALLO DE FUERA , Y PENO DENTRO.

Ie prens soin de cacher le secret de mon ame,
Et par de violens efforts
Renfermant les soûpirs qui trahiroient ma flâme,
Quand je souffre au dedans , je me tais au dehors.

POUR MONSIEUR LE COMTE D'HOSTEL.

Un jeune Taureau libre , & s'animant au combat.

AD PUGNAM PROLUDIT.

Cette course où l'espoir d'une illustre victoire
A pour luy de si doux appas,
N'est qu'un essay pour les combats,
Où le doit conduire la gloire.

POUR

POUR MONSIEUR LE COMTE DE NOGARET.

Un Gantelet en l'air.

NEC ERIT INGLORIVS.

A voir de quelle ardeur il s'apprefte au combat,
Et fon défi pour la victoire,
On connoift qu'il fera fa courfe avec éclat,
Et n'en fortira pas fans gloire.

POUR MONSIEUR DE COSSE'.

Une Scie & un Rocher.

VIRTUTE ET TEMPORE.

Son cœur eft un cœur de rocher,
Soins, fervices, devoirs, rien ne la peut toucher,
Toûjours même rigueur, toûjours mêmes obftacles.
Aimez, perfeverez, & laiffez faire au temps,
Pour la rendre fenfible il faut de grands miracles;
Mais ils font dûs aux cœurs conftans.

POUR MONSIEUR DE BOULIGNEUX.

Un Brûlot en feu.

VRAR, ET VRAM.

L'occafion s'offrant jamais je ne recule,
Mais lorfque contre moy l'amour eft appellé,
On court rifque d'eftre brûlé,
Dans le mefme temps qu'on me brûle.

b

POUR MONSIEUR DE CONISMARK.

Un Laqs d'amour en maniere de chaînete.

DESDE ENTONCES.

Si-tost que je la vis mon ame en fut éprise,
J'adoray ses appas si-tost que je la vis,
Et dés lors ses beaux yeux, maistres de ma franchise,
Furent l'Astre que je suivis.

POUR MONSIEUR DE PLUMARTIN.

Un Pin fort élevé au milieu d'un Rocher.

ALTIS A RADICIBUS ALTUS.

Cet Arbre est ancien, chacun sçait ce qu'il vaut,
Et s'il s'agissoit d'origines,
On connoistroit sans peine, en le voyant si haut,
La profondeur de ses racines.

POUR MONSIEUR
LE CHEVALIER DE SULLY.

Un petit Aiglon au bord d'un nid sur la pointe
d'une Montagne, qui s'essaye à voler.

AVN MIDO MIS FVERCAS.

Pour luy la gloire a de douces amorces,
Et par elle deja se sentant appeller,
Comme aux combats il est prest à voler,
Avant que de le faire il mesure ses forces.

POUR MONSIEUR
LE COMTE DE VAUBECOUR.

Un Girasol avec un Soleil.

QVOCVMQVE VOCARIS.

Ce grand Astre me guide, & toûjours appliqué
A bien connoistre où sa clarté m'appelle,
On me verra prompt & fidelle,
Suivre en tous lieux ce qu'il m'aura marqué.

POUR MONSIEUR
LE MARQUIS DE SOYECOURT.

Une Epée la pointe en bas.

AD LVDVM ET PRÆLIA.

Si dans de simples jeux guerriers
Avec tant de chaleur il court à la victoire,
Que ne fera-t'il pas lors qu'au champ de la gloire,
Il faudra cueillir des Lauriers?

POUR MONSIEUR DE MEDAVID.

Un Coq ayant la teste levée, & en action de courage.

ET VIGIL ET PVGNAX.

A l'exemple de mes Ayeux
Je suis vigilant en tous lieux,

Et s'il est des combats à faire,
Assez d'actions ont fait foy,
Qu'entre les plus hardis il ne s'en trouve guere,
Qni s'en acquitent mieux que moy.

POUR MONSIEUR
LE DUC DE ROQUELAURE.

Un feu dans un Arbre.

NEGLECTVS FVRIT.

Le feu dans cet Arbre paroist,
Quoy que petit il est à craindre ;
Si l'on ne prend soin de l'éteindre,
Il ira plus loin qu'on ne croit.

POUR MONSIEUR DE TRENEL.

Une Meduse au milieu d'un Bouclier, au haut duquel il y a un Soleil.

SVB SOLE LVDIMVS ILLA.

On n'a jamais parlé d'un desordre pareil
A celuy qu'a causé la teste de Meduse ;
Mais qui la croit icy redoutable, s'abuse,
Qu'a-t'on à craindre avecque le Soleil ?

POUR

POUR MONSIEUR DE BOUZOLE.

Une branche de Laurier, & une de Mirthe.

GLORIÆ ET AMORI.

Deux passions tour à tour
Gagnent sur luy la victoire,
Il sacrifie à l'amour
Ainsi qu'il fait à la gloire.

POUR MONSIEUR LE COMTE DE HANAV.

Une Hirondelle qui quitte son païs pour chercher
le Soleil.

AL SOL M'INVIO.

Avec un zele sans pareil
Ie m'éloigne des lieux où la froidure habite,
Heureux éloignement s'il fait voir au Soleil,
Que c'est pour luy que je les quite.

POUR MONSIEUR DE LIANCOURT.

Un Essain d'Abeilles.

HOR ALL'ARMI, HOR ALI FIORI.

Si lorsqu'il faut prendre les armes,
Les Lauriers ont pour moy de si brillans appas,
Où de jeunes beautez font éclater leurs charmes,
Des Mirthes à cueillir ne me déplaisent pas.

POUR MONSIEUR
LE MARQUIS DE SURVILLE.

Une branche de Corail qui s'endurcit & devient vermeille dés qu'elle est exposée aux rayons du Soleil.

FORTIOR ASPECTV.

Ie chancelle de toutes parts,
Toûjours preste à tomber où mes branches s'étendent,
Si d'un Astre benin les precieux regards,
Pour m'oster ma langueur, sur moy ne se répandent.

POUR MONSIEUR DE SAINTE FRIQUE.

Un Arbre fruitier tout en fleurs.

SPES MIXTA METV.

Si j'ose en croire l'apparence,
Le brillant de mes fleurs me permet l'esperance,
Sur un moindre presage on se flate souvent ;
Mais malgré cet espoir j'ay toûjours de la crainte,
Il peut venir un mauvais vent :
Malheur s'il faut en essuyer l'atteinte.

POUR MONSIEUR
LE MARQUIS DE VILLARS.

Un Cadran qui ne soit point un Cadran au Soleil, mais un Cadran d'Horloge.

O LA DICHOSA, O LA POSTRERA.

Dans l'estat incertain où toûjours je demeure,
Sans que de mon destin l'amour veüille ordonner,

II

Vienne aujourd'huy ma derniere heure ;
Si la bonne pour moy n'eſt pas preſte à ſonner.

POUR MONSIEUR DE CASTRES.

Un Soleil en haut , & un Arc-en-Ciel plus bas ,
entre le Soleil & la Terre.

MVNERIS HOC TVI.

Mes diverſes couleurs ont un éclat ſi rare,
Que l'on ne peut aſſez en admirer le choix ,
L'aſſemblage en eſt beau , mais lors que ĵe m'en pare,
C'eſt au Soleil que ĵe les dois.

POUR MONSIEUR LE PRINCE DE TINGRY.

L'empreinte d'un Cachet où paroiſt la teſte du
Roy fort marquée ſur du papier , & au deſſous le
Cachet de profil.

SEMEL ACCEPTAM SERVAT.

Cette Image a de nobles traits ,
La grandeur n'en ſçauroit eſtre aſſez bien conceuë :
Il ſuffit que ĵe l'ay receuë ,
Rien ne l'effacera jamais.

POUR MONSIEUR DE VALENTINOIS.

Un Champ plein de fleurs avec une Abeille qui
s'arreſte dans le milieu.

DE TODAS VN POQVITO.

Comme c'eſt à mon gouſt le plus grand des malheurs ,
Que de brûler long-temps d'une flâme importune ,

Ie m'arreste à toutes les Fleurs,
Et prens quelque peu de chacune.

POUR MONSIEUR LE DUC D'USEZ.

Un Miroir sur une Table couverte d'un tapis.

SIN MANCHA, Y SIN LISONIA.

Pour peu qu'à le voir on s'attache,
On reconnoist qu'il est sans tache,
Mais de luy la laideur a tout à redouter,
Il est franc, & ne peut flater.

POUR MONSIEUR
LE PRINCE D'HARCOURT.

Un gros Chesne fort vieux dans une Campagne. Les branches en sont rompuës, le tronc en est separé, & il paroist quelque petit rejetton dont les feüilles sont fort vertes. Le Soleil qu'on voit dans un coin semble dissiper une partie des nuages, en dardant ses rayons sur ce petit rejetton.

CRESCET.

Ce gros Chesne où le temps a fait tant de ravages
A perdu de grands avantages,
De tous costez le tronc en est ouvert :
Heureux le rejetton qui commence à paroistre ;
Que de brillant sur son feüillage verd ?

On

On voit par là ce qu'il doit estre,
Quand le Soleil l'aura fait croistre.

POUR MONSIEUR
LE COMTE DE LA FAYETTE.

Un Eclair.

PERESCA COMO LVSCA.

Je cherche à m'asseurer une illustre Memoire,
Et dans l'ardeur de l'acquerir,
Il m'importe peu de perir,
Pourveu qu'en perissant je me couvre de Gloire.

POUR MONSIEUR
LE MARQUIS DE NOVION.

Un jeune Figuier sous un Soleil.

FORS FRVCTVS SINE FLORE DABO.

Si j'obtiens du Soleil un regard favorable,
Mes desseins doivent estre heureusement conduits,
Et sans avoir de fleurs je puis estre capable.
De porter d'assez nobles fruits.

d

POUR MONSIEUR
LE DUC DE BOURNONVILLE.

Une Lance, les Dards, & l'Epée joints ensemble.

LVDO BELLOQVE.

Prest d'entrer dans la carriere,
Voyez dans sa mine fiere
L'heroïque & noble éclat
Que ce Jeu guerrier luy cause.
Si c'estoit un vray combat,
Ce seroit toute autre chose.

POUR MONSIEUR
LE MARQUIS DE ROCHEFORT.

Un Eclair sortant d'une Nuë.

NASCENDO RISPLENDE.

Que son destin sera puissant,
Et que ne doit-on pas attendre
De tout ce que l'honneur luy doit faire entreprendre,
Puisqu'il brille mesme en naissant !

POUR MONSIEUR
LE MARQUIS DE LA CHASTRE.
Une Pyramide renversée.

PVR CHE SIA RILEVATA.

Malgré le Destin qui m'abat,
De la hauteur où j'estois arrivée

Ie ſçauray ſoûtenir l'éclat
Pourvû que je ſois relevée.

POUR MONSIEUR DE CHAMARANTE.

Un Aigle volant vers le Soleil.

DOVE L'OPRA NON PUO', GIVNGE IL DESIO.

Plein d'un feu que jamais rien ne ſçauroit éteindre,
Pour l'Aſtre dont l'aſpect cauſe tous mes plaiſirs,
Ie fais arriver mes deſirs
Où mon vol ne ſçauroit atteindre.

POUR MONSIEUR DE MURCE'.

Un Guidon debout.
QVOVIS FERAR VLTRO.

En quelque lieu qu'il faille me porter,
J'y veux bien aller affronter
La plus redoutable tempeſte.
Plus le peril eſt grand, plus la gloire me plaiſt.
S'il faut partir, rien ne m'arreſte,
Qu'on donne l'ordre, je ſuis preſt.

POUR MONSIEUR
LE COMTE DE CARPEIGNE.

Un Eliotrope naiſſant, & ſortant de la terre ſans
Soleil.

ESCO DAL SVOLO PER IL SOLE.

Le Soleil reglera mon eftre,
C'eft à luy feul que je me doy.
Comme pour luy j'ay voulu naiftre,
Il voudra bien luire pour moy.

POUR MONSIEUR DE MOUY.

Un cercle du Zodiaque, où paroift de face un
Belier d'argent, & des Etoiles d'or.

POR ESTA LUZ HE DEVADO EL TUSON.

Que pour conquerir la Toifon
Plus d'un Argonaute s'apprefte,
I'ay quité l'entreprife, & c'eft avec raifon
Que d'un autre Belier je pourfuis la conquefte.

POUR MONSIEUR DE LA TRIMOUILLE.

Un Feu elementaire.

SEMPRE ARDENTE, SEMPRE ASCOSTO.

Dans la brillante fphere où je fuis attaché,
Ie brûle du feu le plus ftable,
Et quoy qu'il foit toûjours caché,
Le plus ardent n'a rien qui luy foit comparable.

POUR

POUR MONSIEUR LE DUC DE GRAMMONT.

Une Montagne fort élevée.

LAS MAS ALTAS NO ME HAZEN SOMBRA.

Quand il seroit des Monts sans nombre
D'une hauteur à faire effroy,
Ceux qui produisent le plus d'ombre
Ne pourroient en jetter sur moy.

POUR MONSIEUR DE VILLACERF.

Un Cadran au Soleil en forme d'une Coupe, posé
sur une Pierre quarrée.

SEMPRE FEDELE.

Avec exactitude, avec soin, avec zéle,
Je m'acquite de mon employ.
Eclairé du Soleil qui refléchit sur moy,
Puis-je manquer d'estre fidelle?

POUR MONSIEUR LE MARQUIS DE NESLE.

Une Fusée volante.

ACCESA ALTO VOLA.

Quand l'ardeur de la Gloire échaüfe mon courage,
Plein d'un feu dont l'excés est l'unique defaut,
Je disputerois l'avantage
A qui croiroit voler plus haut.

POUR MONSIEUR DE FROULÉ.

Une Pierre d'Aiman armée, qui tient en l'air à une Chaine une Clef de fer audeſſous, qui touche à l'Aiman par l'Anneau.

SON A SEGUIR TI.

Sans cet Aiman je ne puis vivre,
Il fait tous mes plaiſirs, laiſſez-le-moy chercher,
C'eſt à luy ſeul que je veux m'attacher,
Heureux d'eſtre fait pour le ſuivre.

POUR MONSIEUR DE POLIGNAC.

Un Feu Grégeois qui brule dans l'eau.

MAGIS EX OBSTANTIBVS ARDET.

Comme de plus en plus j'ay lieu de m'applaudir
Sur la gloire qui ſuit le feu qui me conſume,
Ce qu'on fait pour le refroidir,
Eſt ce qui dans mon cœur plus fortement l'allume.

POUR MONSIEUR DANTIN.

Une belle Campagne, d'où une Fléche s'éleve fort haut.

O SVBIR, O BAXAR.

Pour la Gloire il n'eſt rien que mon cœur n'exécute,
Et ſi trop haut je tâche d'arriver,
Il vaut mieux s'expoſer au peril de la cheute,
Que de craindre de s'élever.

POUR MONSIEUR LE PRINCE D'ELBEUF.
Un Vaiſſeau preſt à partir.
QVO FERET AVRA.

Je cede à la Fortune obſtinée à me nuire,

A moins qu'un Dieu puiſſant ne daigne s'en mêler;

Sous ſon Auſpice heureux me voila preſt d'aller

Où le vent pourra me conduire.

POUR MONSIEUR LE MARQUIS DE THIANGE.
Un Aigle qui vole au Soleil à travers les Foudres.
NIL OBSTAT EVNTI.

Par un rapide vol il marque ſon amour

Pour l'Aſtre qui donne le jour;

Le voir de prés eſt le ſeul avantage

Dont le charme ſenſible ait dequoy le flater,

Et s'agiſſant vers luy de s'ouvrir un paſſage,

L'obſtacle le plus fort ne le peut arreſter.

POUR MONSIEUR DE MIREPOIX.
Un Lion d'une attitude fiere & hardie, au milieu d'un Cirque, où l'on voit à l'entour d'autres Animaux preſts à entrer en Lice.
ROBORE VINCET ET AVSV.

Ses Rivaux ont beau ſe flater

De l'orgueilleux eſpoir d'une aimable conqueſte,

Il n'eſt rien qu'il n'oſe tenter;

Et dans la vive ardeur que contr'eux il appreſte,

Il eſt ſeur de les ſurmonter.

POUR MONSIEUR LE DUC D'ATRIS.

Un Heliotrope, & un Soleil qui l'éclaire.

NIL ATRI SOLE MICANTE.

Si de cét Astre puissant,
Un Rayon sur moy descend
Pour soûtenir ma foiblesse,
Je crains peu l'obscurité;
Il n'en est point qui ne cesse
Où se répand sa clarté.

POUR MONSIEUR LE COMTE DE BRIONNE.

Un Aigle portant les Foudres de Jupiter.

GERO ARMA TONANTIS.

Tenir un Foudre dans ma serre,
C'est faire assez bien éclater
La gloire que j'ay de porter
Les armes dont se sert le Maistre du Tonnerre.

POUR MONSIEUR DE LA ROCHEGUION.

La peau du Lion de Nemée.

A ME TOCCA D'ORNAR IL VINCITORE.

L'ardeur de m'acquerir doit enflamer le cœur
De tous ceux qui cherchent la gloire;
Quand on a gagné la victoire,
C'est à moy d'orner le Vainqueur.

POUR

POUR MONSIEUR
LE COMTE DE HAUTEFORT.

Une Tour au haut de laquelle eſt un Feu allumé,
& un Vaiſſeau ſur mer, qui paroiſt s'en éloigner.

HVC CVRSVS FVIT.

Vers cette Tour une aimable lumiere
M'attire, & de mon ſort doit ſeule decider;
Mais un Vent ennemy qui me pouſſe en arriere,
M'empeſche toûjours d'aborder.

POUR MONSIEUR LE DUC DE LA FERTE'.

Un Chien blanc qui ronge un Os.

FALTA DE MEIOR.

Cet Os pourra bleſſer les yeux,
Il ne vaut pas la peine qu'il me cauſe;
Mais comme le temps fait le prix de chaque choſe,
Je le ronge faute de mieux.

De tous ces Madrigaux, il n'y a que celuy qui eſt
fait ſur la Deviſe de Monſieur le Duc de Saint Aignan,
qui ſoit de Monſieur Vertron. On les a fait imprimer
ſans ordre, & à meſure que l'on a pû avoir les Deviſes.
Celles qui ſuivent ne m'ont eſté apportées que dans
temps qu'on a eſté obligé de finir ce Livre. Ainſi il a
fallu les envoyer auſſi-toſt à l'Imprimeur, & cela eſt

cauſe qu'on ne les explique que par un un ſeul Vers faute de temps. Quelques Chevaliers en ont chan-gé, comme Monſieur le Prince d'Harcourt, Mon-ſieur de Mailly, & Monſieur de Bouzole, pour qui vous en trouverez parmy les premieres qui ſont ex-pliquées par des Madrigaux. Ces dernieres que vous trouverez encore pour eux, ſont celles qu'ils ont choiſies.

Monsieur le Prince d'Harcourt.

Un gros Diamant brut au milieu de l'Ecuſſon.
Je brilleray ſi l'on m'employe.

Monsieur de Rohan.

Une Flâme qui s'éleve en haut.
Quo me vocat inſita virtus.
Je marche ſur les pas de mes nobles Ayeux.

Monsieur de Listenay.

Un Vaiſſeau & des Argonautes en Mer, le Mats chargé d'une Toiſon d'or.
Mas honrado que rico.
Plus de gloire que de fortune.

Monsieur le Marquis d'Alincourt.

Un paquet de Méche dont le fond paroiſt allumé par la fumée qui en ſort.
Ardente, e coſtante.
Je n'ay pas moins d'ardeur que de conſtance.

MONSIEUR D'ARTAGNAN.

Un Aiglon regardant fixement le Soleil, & tenant d'une de ses Serres un Foudre prest à lancer.

Sic docuit pater.

Je cherche à pratiquer les leçons de mon Pere.

MONSIEUR DE QUEROUEL.

Un Porc-Epic au milieu de deux Chiens qui n'osent le mordre le voyant armé de tous costez.

Ni atregados, ni atrevidos temo.

Les plus fougueux me donnent peu de crainte.

MONSIEUR DE VERVINS.

Un Tronc de Laurier mort qui pousse un Rejetton verd.

Per te revivifcet.

C'est par toy seul qu'il revivra.

MONSIEUR DE ROUSSY.

Un Tournesol panché vers la terre du costé du Soleil couchant.

Hasta su buelta.

Je languiray jusques à son retour.

MONSIEUR DE PALAVICIN.

Un Aigle exposé à la plus grande clarté du Soleil.

Gia di mirarlo è degno.

Il est digne sur luy d'attacher ses regards.

MONSIEUR DE BRASSAC.

Un Oyseau de Proye attaché sur une Perche.

Quo non si mihi fas.

Ah ! s'il m'estoit permis jusqu'où n'irois-je pas?

MONSIEUR COEDELETE.

Un Aiglon prest à voler, & commençant à déployer ses Aîles sur la pointe d'un Rocher, la teste un peu panchée en regardant le Soleil.

Probor, extollar.

Je m'éprouve pour m'élever.

MONSIEUR DE MAILLY.

Un Thermometre.

A mas ardor mas me levanto.

Plus il fait chaud, plus je m'éleve.

MONSIEUR DE MOLAC.

Un Fusil bandé.

Si tangar.

Je prens feu si-tost qu'on me touche.

MONSIEUR DE VILLEQUIER.

Des Bâtons de Maréchal de France passez en Sautoir, avec la Masse de Chancelier.

Nec sic inermes.

C'est le moyen de se défendre.

MONSIEUR DE BLANSAC.

Un gros Ruisseau qui descend d'une Montagne escarpée, & qui fait aller une grande Fontaine au bas de cette Montagne.

Mon panchant m'elevera.

MONSIEUR DE MONCHEVREÜIL.

Du Bois qui commence à s'allumer.

Splendescam, dâ materiam.

Je luiray, donnez la matiere.

POUR

MONSIEUR LE CHEVALIER DE SOYECOURT,

Un Lion , & un Soleil au-deſſus.

Et micat & ferit.

Il eſt vif à briller, dangereux quand il frappe.

MONSIEUR DE BOUZOLE.

Une Barque qui met à la Voile, & de grands Vaiſſeaux dans l'éloignement.

Majores dabit aura ſequi.

J'atteindray les plus grands ſi le Vent me ſeconde.

MONSIEUR DE VIEUX-BOURG.

Un bouton de Roſe fermé.

J'attens tout du Soleil.

MONSIEUR DE VIBRAYE.

Un Cadran ſans Soleil.

Sine Sole nihil.

Je ne ſuis rien ſans le Soleil.

MONSIEUR LE BAILLY COLBERT.

Une Galere à la Voile.

Brevi levis aura feret.

Un heureux Vent dans peu m'éloignera du Port.

MONSIEUR DE BELLEFONDS.

Un Aiglon qui regarde le Soleil.

Non degener.

De ſes Ayeux il ſuit les traces.

g

MONSIEUR DE QUELUS.

Un Arbre enté qui commence à jetter des feüilles.

Si jubeat reflorefcet.

S'il le veut, il reverdira.

MONSIEUR DE TILLADET.

Un Aigle qui fe foûtient en l'air.

Aut Solem, aut prælia.

Ou le Soleil, ou les Combats.

MONSIEUR DE GONDRIN.

Une Fufée volante.

De mi fuego mi fubida.

C'eft par mon feü que je m'éleve.

MONSIEUR LE COMTE D'HAUTEFORT.

Un Vaiffeau batu des Vents.

Fruftra obftant.

En vain les Vents fe liguent contre moy.

Il manque encore deux ou trois Devifes, qu'il m'a efté impoffible d'avoir. Celle de Monfeigneur le Dauphin eft de Monfieur le Duc de S. Aignan. On l'a choifie parmy plus de vingt autres. On s'eft trompé à la Devife de Monfieur le Comte de Fiefque ; il y a des Bleds, au lieu de Rofeaux. Toutes les Devifes font peintes fur des Boucliers qui font d'autant de Figures diférentes; qu'il y a de Couleurs, c'eſt à dire de celles des deux Chefs & des huit Brigades. Ces Boucliers ſont tous entourez de Pierreries.

J'ay oublié de marquer, que quatre Maréchaux de France qui ſeront ſur l'Echafaut de Sa Majeſté, doivent adjuger le Prix, ſuivant les conditions preſcrites par le Reglement de Monſieur le Duc de S. Aignan, Maréchal de Camp General; ce qu'ils feront ſur le rapport que leur viendront faire quatre Pages du Roy de la Quadrille de Monſeigneur le Dauphin, qui ſeront poſtez dans la Lice autour de ce Duc.

On a imprimé ce Livre avec une telle précipitation, qu'il a eſté impoſſible d'empeſcher qu'il ne s'y ſoit gliſſé pluſieurs fautes qui rompent le ſens en beaucoup d'endroits. La 10. ligne de la page 27. doit finir par ces mots, *qui eſt à terre;* ſans cela ce qu'on veut dire ne ſçauroit eſtre entendu. On a mis *Tours d'ermeilles* pour *Tours Verneilles*, & fort ſouvent *Abenſerrages* pour *Abencerrages*. Si on a mis *Gazules* & *Gomeles* au lieu de *Gazuls* & de *Gomels*, on l'a fait à l'imitation des Eſpagnols, qui diſent *los Gazules,* & *los Gomeles.* Je ne parle point de quelques noms Maures mal imprimez, comme *Amilda* pour *Amida.* Ce ne font des fautes que pour ceux qui ont leu avec un attachement particulier les Guerres Civiles de Grenade , & ils n'auront pas de peine à y suppleer.

FIN.

AVEC PRIVILEGE DU ROY.